KB202475

주님,

오늘도 맑음입니다

주님,

오늘도 맑음입니다

김성옥 지음

좋은땅

목차

오병이어

주님
발 앞에 바다가 펼쳐집니다

수영도 못하고
낚싯대도 없습니다
제가 가진 것은 통발 하나

조
금
전
바다를 향해 던졌습니다

통발에 물고기가 가득 차기를
바라는 건 욕심이겠지요

가족들 배불리 먹이고

이웃집에 몇 마리씩

나눌 수 있으면 좋겠습니다

점

점

점

가라앉는 통발을 바라봅니다

주님

바다가 잔잔해지고

딸의 마음도 맑아집니다

개천절

신혼여행 첫날밤
변기에 앉아
한참을 고민

속옷은
입어야 하나
벗어야 하나

그도
브래지어 고리를
앞에서 열어야 하나
뒤에서 열어야 하나
혼자 안간힘을 쓰던 날

하늘이 열리던 날
침대가 우리를 기억한다

소원

주의 집에 머슴으로 삼아 주옵소서

한글도 모르고
계산할 줄도 모르고
잔머리 굴릴 줄도 모르는

머슴 되게 하옵소서

사춘기

예수님은 사춘기가 없었을까
마리아는 어떤 어머니였을까

예수님은 말대꾸를 하셨을까
마리아도 회초리를 들었을까

십자가로 걸어가
저의 연약함을 내려놓습니다

십자가의 사랑으로
사춘기를 다독여 줍니다

건들지 마

괜히 혈기 부리고 싶을 때가 있다
그래서 더 늙어야 한다

클래식

오늘밤 꿈에
친정아버지께서 4시간만
딸집에 오신다면

얼른 시골 구멍가게로 달려가
막걸리 사다가
묵은 김치만 송송 썰어 놓고
술상 위로 아버지 얼굴만 보렵니다

가장 그리운 소리는
아버지의 술주정입니다

물질

하나의 마음이
한결같지 못하다

받는 이에게는 받기만 하고
주는 이에게는 주기만 한다

핫팬츠

촌스러워서 그런가 보다
내 눈에는 사각팬티 같다

미납등록금

방송에서 들리는 내 이름

행정실에서는
이미 머리 숙인 친구들 8명

언제까지 납부할 거냐는 말에
난생처음으로
땅 밑으로 내려앉아 사라지고 싶었다

작년
큰아이 고교등록금 납부는
아마도 전교 1등이었으리라

엄마죄인

엄마가 되는 동시에 죄인

1. 공중목욕탕에서 소리 지르기
2. 옆집 장독 깨기
3. 뒷산 대나무 베기
4. 추수 앞둔 농작물 손으로 꺾기
5. 산에서 불놀이

.

.

뛰어다니며
동네 어르신들께
머리를 조아렸습니다

자녀들이

엄마 되게

어른 되게

만들어 주었습니다

만나

내가 심지 않았고
거두지도 않은 것이 만나입니다

남편의 월급통장
자녀들의 학교급식
따뜻한 점퍼 속 온기
보일러의 기름도
그분의 만나입니다

....
만나: 모세의 지도 아래, 이집트를 탈출한 이스라엘 백성이 광야에
이르러 굶주릴 때 하나님이 내려준 신비로운 양식

딸아 함께 가자

주님
함께 걸어가요

손목 잡아 주세요

받아쓰기

어제는
10점 받았는데

오늘은
20점 받았으니

수고 많았어

꽃다발

오늘도 잡초를 받았다
유치원 큰아들의 엄마 사랑법

제 키만 한 잡초를 뿌리째 뽑아왔다
유치원 작은아들의 엄마 사랑법

어부바

엄마의 사랑이 그리운 날이면
아기는 포대기를 끌고 온다

어

부

바

업고 밥을 먹고
업고 설거지를 하며
업고 화장실을 가기도 했다

아기는 자라
엄마가 힘이 없는 날

어
부
바

이 방 저 방 엄마를 업고
말없이 걸어 준다

좁은길

좁은길 가는 동안
공사 중이어도
넓은길로 넘어가서는 안 된다

눈물 흘리더라도
공사를 잘 마무리하고
좁은길을 다시 걸어야 한다

좁은길 끝에는
주님 계시리라

중보기도

기도 중에 계속 떠오르는 사람

주님은 그 사람을
얼마나 사랑하시는지

고마워서 울고
부러워서 운다

나도
누군가의 중보기도 속에
주인공이 되었으면

중보기도 2

사람 보기엔
20점

주님 보기엔
80점

주님이 특별히 사랑하는 사람이 있다

사람은 겉을 보지만
주님은 마음을 보신다

천국

주님 앞에 서는 날
날 모른다 하시면
어쩌나

유전

가르쳐 준 적이 없다

자녀는 25년 전
내 행동을 그대로 하고 있다

주일예배

눈을 감으면
머리 위로 콘크리트가 한가득

당신의 능력으로 정리하여 주옵소서

바보

주님과 친근할수록
바보가 되어 간다

헤헤거리고
미안하다거리고

자존심은 좁쌀만 해졌다

아줌마

하나님은 아줌마를 사랑하신다

생명을 낳아
기르는게
하나님과 닮았기 때문이다

호르몬

사춘기가
내 자식을
가자미 눈으로 만들어 버렸다

변동지출

식비를 줄이기 위해
집에서 밥하기

퇴근하고
엄마의 알바가 시작된다

꽃무늬 앞치마를 두르고
화사하게 냉장고 문을 연다

식비를 절약하면
한달 50만원
1년 600만원
10년 6,000만원

1시간 외식 비용으로

2일간 집에서 푸짐하게 먹을 수 있다

거기에

정상체중은 덤이다

북한여인

리슬 생활한복을 입고
직접 만든 누빔가방을 손목에 메고
검정고무신까지 신었다

택시기사님
: 혹시 북한에서 오셨나요?

나
: 네 평양에서 왔습메다

납치

멀쩡히 낮잠 자고 있던
새끼오리 5마리를 건져왔다
둥지까지

각자 한 마리씩 키우겠단다

이쯤이면
새끼오리들을 찾느라
엄마오리는 제명에 못 산다

아이들을 잘 타일러
다시 물 위로 돌려보냈다

오리에미
순종에미
아이고 심장이야

아들에게

여자친구와
어머니와
할머니를 이해하려고 하지 마라

남자는
이해할 수 없으니
여자들은 그냥 내버려 두라

장지갑

지갑은
물질이 들어오는 통로

하나님께서 주신 물질을
소중히 다뤄야 한다

설거지 후
지갑 정리

동전은 동전통에
영수증은 가계부 기록 후 쓰레기통에

지폐는 구분하여
인물 사진끼리 나란히

지갑은

물질이 들어오는 통로

급친절

뜨겁게 다가온 사람은
차갑게 떠나 버린다

그 살가움
이젠 속지 않는다

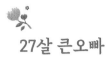

27살 큰오빠

고교 졸업식날
친구가 날 부른다

"옥아 너희 작은아버지 오셨다"

아우라

투명 매니큐어를 바르고
은빛머리 한줌에 보석핀 꽂으신
70대 할머니

20대 청년보다 더 이쁘다

시편 118편

여호와께 감사하라
그는 선하시며
그의 인자하심이 영원함이로다
(시편 118편 1장)

욕심 가득한 기도 대신
시편 118편의 고백을 드립니다

삼남매

모태신앙이 제일 부럽다

이 부러운 녀석들

대추나무

친정집 가는 길
대추나무 20그루
나에게 두 손 모아 인사를 한다

아버지께서
심으셨고
대추나무 첫 열매를 먹는 해에
갑자기 돌아가셨다

가을날 붉게 물든
대추나무 열매는
아버지의 눈물방울이다

그 눈물을 먹지 않는다

특별관리

하나님 아버지의 특별한 사랑
특별관리 기간에는

눈물 2리터
콧물 2리터

낮추실 때는
바닥에 엎드리기

이 시기를 지나야
겸손할 줄도 알고
하나님 귀한 줄도 압니다

흔적

이제는
쇠고기도 사 먹을 수 있는데
삼겹살을 못 사겠다

퍼석한 돼지 뒷다리에 적응된
저렴한 입맛

충고

나는 인생을 모른다
그러니
입을 다물자

응답

주님
되돌아보니
구하지 않은 것을 더 주셨습니다

가계부

매월 가계부 결산

우리 가정의 대표님은 하나님
나는 경리아줌마

부족할수록 채워지는
하나님의 계산법

논리로 해석되지 않는
하나님의 계산법

가계부 속의 대표님은
나 여기 있다며 웃고 계신다

섬김

키다리 아저씨와
키다리 아줌마가
여럿 계셨다

위장을 채워 주고
냉장고를 채워 주고
통장을 채워 주셨다

이제는
내가 키다리 아줌마가 될 차례다

지름길

고집 부린다고
내 뜻대로 살게 하실
하나님이 아니시다

말씀에 순종하는 길이
가장 빠르고 안전하다

보증보험

거래업체와 계약서를 작성하고
서울보증보험을 발행했다

내 자신이
하나님 앞에
걸어 다니는 보증보험이 되고 싶다

나에게

작은 것 감동 주실 때
바로 순종

주님은 큰 믿음 바라지 않으신다
작은 것 실천하면 된다

소원 2

부자되어

교만한 것보다

가난하여

겸손한 것이 좋습니다

부족하듯 살아

천국을 꿈꾸는 자 되게 하옵소서

십일조

주님
딸의 코 묻은 돈입니다

십일조 2

저축한 돈을 가족에게 드리고
통장잔액이 0원이 되던 날
남편의 갑작스런 장기휴가

십일조를 안 내겠다는
마음이 먼저 들었습니다

주님께서 내 바닥의 찌꺼기를 보여 주실 때
진짜 믿음을 보게 되었습니다

방목 육아

학원 대신
엄마표 방목 육아

운동장에서
맨발로 뛰어다니기

바닷가에 눕고
맨손으로 어린 물고기 잡기

비 오는 날에 웅덩이에 앉고
천둥소리 들으며 뛰어다니기

뒷산 땔감 모아 바나나 구워 먹기
자연이 준 장난감들 개구리, 잠자리, 도마뱀, 두더지,
미꾸라지

해 질 녘

줄 서서 맨발로 걸어오는 길

발가락 사이로 들어오는 흙과 바람

땅과 하늘이 자녀를 키워 주었습니다

레슨

마음을 준 개수와
아픔의 개수는 같았다

등대의 진가는
어두운 밤이 되어서야
알 수 있듯이

사람도 어두운 밤이 되어서야
진심을 알 수 있었다

적당한 선을 지켰어야 했는데
'적당히'를 가르쳐 주는 학원은 없을까

혜진

내가 아는 혜진이는 4명
하나같이 착하고 이쁘다

세상 모든 혜진이는
다 이쁠 것 같다

내려놓음

하나님께서 아끼는 것과
내가 아끼는 것

하나님이 옳은 것과
내가 옳은 것

안전화

세상에서 가장 아름다운 신발은

남편의 안전화입니다

선수

목회하시는 시아버님께서
손자들의 이름을 지어 주셨다

하나님의 말씀에 순종하라 '순종'
하나님을 기쁘게 하라 '순열'

막내딸은
하나님의 여자 '순자'가 될 것 같아
며느리가 선수를 부렸다

휴대폰

풍덩
바다에 빠지는 순간
당혹감과 후련함

이참에 휴대폰을 없애 버릴까

미수금

미수금 업체를
신용정보회사에 맡길 때
합법적임에도
돈 받을 길이 막막하다

나는
이웃에게 빚지지 않았을까
하나님께 갚아야 할 미수금은 없을까

세입자

50년 된 시골집
하루 만에 집을 짓는 거미가 부럽다

초저녁
장대 빗자루를 잡고
거미줄을 정리하려 들면
거미들의 아우성이 들린다

어쩌면
내가 세입자인지도 모르겠다

인간관계

세월이 지나
살이 흐물흐물해지면
마음도 보들보들해질까

에잇
안아 버리자
녹여 버리자

세월

모진 말에
섭섭할 필요가 없다

30년 후에 보자
누구의 주름이 더 이쁜지

우정

최선이 문제였다
다른 이는 외면해도
너만은 알아줄 거라는 착각
서로 달랐던 최선

인정

인정스러움이란
가면을 쓴 간섭이 아닐까

바른 자세

다리를 자주 꼬면
척추가 틀어지고
얼굴도 비대칭이 된다

80대 미인은
뼈 미인입니다

자녀에게

대문을 나서는 순간
귀한 자식이 아니니

때론
흘린 과자도 주워 먹고
급할 때 수돗물도 마셔라

강인한 사람이 되고
특별나게 행동하지 말거라

딸꽃

유치원 등원하는
딸의 심장소리를 듣고
엄마의 심장소리를 들려 줍니다

세상에서 가장 이쁜 꽃은
딸꽃입니다

딸꽃 2

앞니가 빠지는 동시에
발음도 새고
침도 새고
밥알도 샌다

평생 1년만 볼 수 있는
앞니 빠진 개우지

딸이 자라는 게 아깝다

....
개우지: 호랑이라는 뜻

닮음

어릴 적 어머니에게서
고무장갑 냄새와
시원한 바람 냄새가 났었다

불량 육아

제대로 놀려면 신발을 벗어야 한다
양말의 구멍은 두렵지 않다

양말을 포기한 순간
육아가 쉬워졌다

아나바다

동네 형이 우리 집 옷장에 버려 준 여름교복
1,500원짜리 이름표 바꾸던 날

바르게 자라라고
계곡 같은 주름 펴 주고
사이즈가 작다는 투정 받아 주고

1일 입어도 중고
100일 입어도 중고

옷은 조금 작아도 괜찮다
얻어 입어도 괜찮다
그런데 마음만은 명품이 되거라

사랑합니다

힘이 약한 새에게는
날개를 주신 것처럼

저에게는
주님을 사랑하는 마음만
주신 것 같습니다

주님을 가진 자는
모든 것을 가진 자입니다

존귀함

줄지어 다니는 개미를 보면
누구의 얼굴이 미인인지
누구의 몸매가 좋은지
궁금하지 않다

생명 있음에 기특할 뿐이다
하나님도 우리를 그렇게 보시리라

강약

대부분의 자기개발서는
강해지라고 한다

하나님께서는
힘을 빼라고 하신다

힘 주기보다
빼기가 더 어렵다

기도

주님께 물어보면

부작용이 없습니다

어부바 2

주님

업어 주세요

오늘은 힘이 없습니다

경청

엄마는 잠결에 천둥소리는 못 들어도
아이의 기침소리에 잠을 깬다

하나님 아버지도
내 소리를 들으시리라

어린이날

하나님 아버지 앞에서는

저도 어린이입니다

"용돈 주세요"

다툼

주님은
나도 사랑하고
너도 사랑하는데

내 소리만 들어 달라고
기도하는 건
반칙이다

바비인형

계란후라이에 밀가루 푼 맛
라면에 국수사리 넣은 맛
나는 안다

부잣집이 일터였던 친정어머니는
장난감만 채워진 방 하나가
그렇게도 부러우셨단다

"옥아
인형 하나 훔쳐다가
너에게 주고 싶었다"

30년이 지나
나는 딸에게 그 흔한
바비인형 하나 사다 줄 줄 모른다.

가난이 밉다
내가 밉다

인연

사람의 심장 박동수는 정해져 있다는 말
호흡의 수도 정해져 있다는 말
사실일까

그럼
너랑 만났던 횟수도
정해져 있었던 건 아닐까

네 고객님

당신이 옳습니다
당신을 이겨서 뭐 하려고요

문제보다
존재가 더 소중하니깐
오늘도 웃고 넘어갑니다

시편 46편

알콜중독자셨던 아버지는
술을 그득하게 드시는 날이면
자녀를 집에서 쫓아내셨다

비 오던 여름밤
길가에 주저앉아 흐르는 물은
빗물인지
눈물인지

주님께서 인생의 막대기로
매섭게 광야로 몰아내시던 날

평생 누구를 의지하며
살아야 하는지 알게 해 주셨다

사람 붙들고 말하지 않아도

주님은 마음의 소리를 들으신다

다행

마음에 그려 놓은 검정색

사람들은 외모만 보기에 참 다행이다

아가페

새벽에 이슬이 내렸다
곤충과 새를 위한
그분의 사랑

인지하지 못하는 중에도
손톱과 머리카락이 자란다

그 사랑은
오감으로 느낄 순 없지만
이슬처럼 드러난다

당신은 계십니다
제가 달려갈 수 있는 거리에

당신은 가까이
제가 볼 수 있는 거리에

잡초

매번 나에게 뜯긴다

뱀이 올까봐 무서울 뿐
너에게는 죄가 없다

씨 맺기 위한
너의 고단함을
나도 안다

매일 밤
벌레들이 찾아와
음악회를 열어 주니
오늘은 조금 남겨 두마

보름달

바라보기만 해도 흐뭇하다

보름달 같은 사람이 되었으면

내려놓음 2

먹음직하고
보암직하고
지혜롭게 할 만큼 탐스럽기도 한 나무인지라
(창세기 3장 6절)

사람이든
물건이든
내 것이 아닌 것은
미련을 두지 않겠습니다

순종이란
먹지 말라 하신 것을
먹지 않는 것입니다

나다움

하나님 아버지의

보호 속에 있을 때

가장 아름답고 안전합니다

몸살

아프니깐 마음까지 겸손해집니다
건강도 은혜임을
아픔도 사랑임을 알게 됩니다

미용실

시골 할머니들의
머리스타일은 다 똑같다

누가 진두지휘를 하는 걸까

미용실 2

엄마의 바리깡 경력 15년

아들은
추억의 만화 검정고무신의
기철이처럼 15년을 살았다

사춘기 바람이 불어와
이제는 전문가에게 가겠단다

그동안
미안했다

그리고
고마웠다

고맙다

자녀에 대한 기대는
딱 이만큼만

저녁에 집으로 돌아와 줘서
고
맙
다

우리 집에 태어나 줘서
고
맙
다

경리실장

오늘도
손가락 10개가 있어
문서작업을 할 수 있었고

고마운 분들에게
따뜻한 커피 한잔 대접할 수 있었습니다

동행

힘들 때
나와 동행하심 감사하다

죄 지을 때
나와 동행하심 무섭다

저도

법정교육 출장이 있던 날
사무실에 보관 중이었던
현금 25만원이 사라졌습니다

회사에 피해를 끼칠 수 없어
저희 가정의 생활비를
회사에 송금했습니다
제 탓입니다

저도
인생을 살아오면서
하나님 앞에서는
도적입니다

저도

이 부끄러움을

25만원으로 갚을 수 있다면

얼마나 좋을까요

도서관

책 제목만 읽어도 괜찮아
만화책 읽어도 괜찮아
사람들 구경해도 괜찮아

책 냄새는
프랑스 향수보다 더 좋단다

인간관계 2

주님을 알아갈수록
쉽습니다

사람은 알아갈수록
어렵습니다

출근길에
한 손은 잠언말씀을
한 손은 발타자르 그라시안의 글을

그래도
아무리 산에 꽃이 곱다 하여도
사람꽃이 더 곱습니다

화상

남편의 두 정강이가
용접불빛으로 화상을 당하던 날

아내는 말없이
연고를 바릅니다

처자식을 따뜻하게 해준 고마움은

당신의 두 정강이가 늙어 힘이 없을 때
갚을게요

만찬

오늘의 저녁식사는
꽃게 된장찌개

뜰채와
손전등만 있으면

집 앞 바다에서
꽃게, 소라, 군소, 해삼을 건져옵니다

행복이란
눈앞에 있었습니다

주님
부족함이 없습니다

사랑의 빚

한여름
시골 방앗간에서
미숫가루 한 봉지라도 사서 드리자

한겨울
붕어빵 한 봉지라도 사서 드리자

십자가

골고다 언덕에 오르신 예수님의 두 발
나의 두 발

예수님의 어깨에 맨 나무 십자가
내 어깨에 매어 주신 나무 십자가

오늘도
그 길을 가야 한다

무겁고 거추장스러워도
그 길을 가야 한다

여성미

아내의 아름다운 주름은
남편이 만들어 줍니다

피아노

하굣길
40분 피아노레슨

친구들 대학입시 준비할 때
피아노연주를 하고 있습니다

곧 사회생활을 할 자녀들에게
눈물겨울 일이 많을 겁니다

사람 붙들고 하소연을 하게 되면
다음날 곤고함만 찾아옵니다

울적한 날이면
피아노와 마주앉아
연주를 했으면 좋겠습니다

붉을 홍

진달래 꽃차
한 모금

꽃처럼 피어나겠습니다

기도 2

어제부턴가
기도제목이 없어졌습니다

이끄시는 대로
순종하겠습니다

고집부리지 않겠습니다

생신

철없이 시집온
며느리의 첫 미역국
시아버님은 시원하게 원샷해 주셨다
(되돌아보니 미역을 헹구지도 않았다)

20년간
두 눈 슬쩍 감아 주신 사랑

시아버님은
하나님의 붕어빵이다

동행 2

새벽에 일어나면
주님 생각이 납니다

주님
꿈속에서 무슨 일이 있었을까요

소녀의 기도

17살
예배 마치고 집으로 돌아가면
아버지께 매 맞을지도 모른다

"날 버리지 마옵소서"

주님은 지금까지
그 날의 의리를 지켜 주셨다

교사

주일학교 교사에게 주신 달란트는

아이들의 소란스러운 소리가
음악처럼 들리는 것이다

구석에 앉아 한참을 듣곤 했다

한파

주님
시골 집은 왜 이리도 추운지요

천국에서는
따뜻한 빌라에 살게 해 주옵소서

곰탕

시어머님께서
밤새 가마솥에 고은 소뼈국물

귀가 열리고
마음이 열린다

밤새 고은 소뼈국물 안에는
새벽에 천사가 몰래 내려와
주님의 눈물 한 스푼을 넣었나 보다

그리움

그 사람이

그립다는 건

나에게 뭔가를

희생을 해 주셨다는 것

예배

일하다 보면

주님을

깜빡깜빡 잊어버립니다

그래서 예배가 필요합니다

유산

사랑받는 것도
네 탓이고

미움받는 것도
네 탓이니

어디서든
사랑받는 사람이 되거라

- 친정어머니

대화

어머니

: 순종아

　주님이 1번이야

　주님을 떠나선 안 된다

　매일 마음으로 기도하거라

아들

: 네 어머니 걱정 마세요

　정수리 밑 5cm에 잘 저장되어 있습니다

1+1

기도응답은
평안과 함께 옵니다

을

갑이라도 을
을이라도 을
평생 을로 살거다

화장실

지퍼를 내린다
아무도 볼 수 없음에

안
도
감

혼자만의 공간
항상 위는 뚫려 있다

그분은
보고 계신다

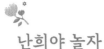

난희야 놀자

고향의 콧물친구들
난희, 명희, 성경, 성옥

차마 말하지 못할 말
가슴으로 알아주는 이

벗에게는
감출 것도
자랑할 것도 없습니다

장례식장에서
목 놓아 울어 줄 이
벗들입니다

애국가

애국가를 부를 때면
눈물이 날 것 같다

아쉽다
5명은 낳았어야 했는데

인연 2

내 곁에 있으라고 있나요
내 곁을 떠나라고 떠나나요

매일 얼굴 보여 주시는 분들
고마운 분들입니다

사죄

학부모에게 전화가 왔다
수련회에서 2,000원 갈취

서둘러
봉투에 5,000원을 넣어
큰아이의 손을 잡고 집을 나섰다

태풍 비 부는 밤
시골길을 15분간 말없이 걸었다

봉투를 건넸고
용서를 구하고
두 녀석들은 악수를 했다

어머니의 머리 조아리는 모습에
큰아이는 현관문에서 눈물만 흘렸다

그날 밤
나의 뒷모습을 보여주고 싶었다

얼룩진 아이의 비옷을 벗겼고
새 옷을 건넸다

찬양인도자

아흔의 할머니가 되어도

당신을 노래하게 하옵소서

용서

베드로는 주님을 3번 부인했지만
저는 30번 부인할 수 있는 사람입니다

그럼에도
와락 안아 버리시는
그 사랑 앞에
오늘도
무릎을 꿇습니다

나 같은 사람도 용서 받았는데
세상에는
용서 못할 일이 없습니다

역도부

중학교 입학식 날
역도부 감독님께서
탐내시던 순종이의 어깨

체육관으로 끌려가
50kg을 가볍게 들어 버렸다

농사 지어
쌀가마니를 어깨에 메며 살고 싶은
순둥이가

독기 어린
맷집을 감당할 수 있을까

주일예배 2

아침부터 울리시는 주님의 한마디

"딸아 사랑한다"

축복

주님
쌀밥도 맛있고
고기도 맛있어요

은혜 받고
입맛도 바뀌었습니다

용서 2

오늘도 실수를 했습니다

그래서
동료의 실수도
슬그머니 눈감아 버렸습니다

버림

새벽에 쓰레기를 버렸다

재활용이 불가능한
내 마음의 쓰레기도 함께 버렸다

최소주의

집 안의 물건은
집 주인의 마음 상태

구입은 신중하게
가진 것은 소중하게

물질 2

재물은
해 돋으면
없어질
아침 이슬

단축번호 1번

교회 새벽종 칠 때 태어난 종생
커피믹스보다 쉬운 남자

천국에서도
같은 집에 살고 싶은 사람

부자

성빈을 돕는

성부가 되고 싶습니다

침묵

내가 대표이사였다면
이토록 현명한 결정을
내릴 수 었었을까

내가 담임목사였다면
이토록 성도들의 협력을
만들어 낼 수 있었을까

청년의 시절에는 몰랐다
중년이 되어서야 알게 되었다
조직에서는 침묵하게 된다

아름다운 습관

오일풀링
신발닦기
변기청소

훈육

첫아이 돌 때
대나무 뿌리로
회초리를 만들었다

10년간
쓴맛을 경험한 자녀들은
매 맞을 행동을 하지 않았다

시기

아들은
뽀로로와 파워레인저를 사랑했으며
본인이 공룡이라고도 했다

무슨 일이든
한때였다

은혜

자녀의 용돈은
부모님께서 주시지만

가정에서 말씀에 순종하면
주님이 은혜를 주신다

급여는
사장님께서 주시지만

직장에서 말씀에 순종하면
주님이 은혜를 주신다

투정

반찬 투정을 하면
굶겼다

매운 김치는
물에 안 씻어 주고

된장찌개에
땡초까지 넣어 버렸다

막 키웠지만
막강히 건강하다

간소함

양배추
파프리카
브로콜리
당근
콜라비는
얇게 썰어 생으로 먹기

식사 준비 시간은
간소하게

자신과 마주하며
독서하기

주님,
오늘도 맑음입니다

초판 1쇄 발행 2021년 3월 12일

지은이   김성옥
펴낸이   이기봉
편집   좋은땅 편집팀
펴낸곳   도서출판 좋은땅
주소   서울 마포구 성지길 25 보광빌딩 2층
전화   02)374-8616~7
팩스   02)374-8614
이메일   gworldbook@naver.com
홈페이지 www.g-world.co.kr

ISBN   979-11-6649-393-5 (03230)

• 가격은 뒤표지에 있습니다.
• 이 책은 저작권법에 의하여 보호를 받는 저작물이므로 무단 전재와 복제를 금합니다.
• 파본은 구입하신 서점에서 교환해 드립니다.